LETTRE

D'UN SOUS-PRÉFET

SUR LA

CRISE POLITIQUE ACTUELLE.

LETTRE

SUR LA

CRISE POLITIQUE ACTUELLE.

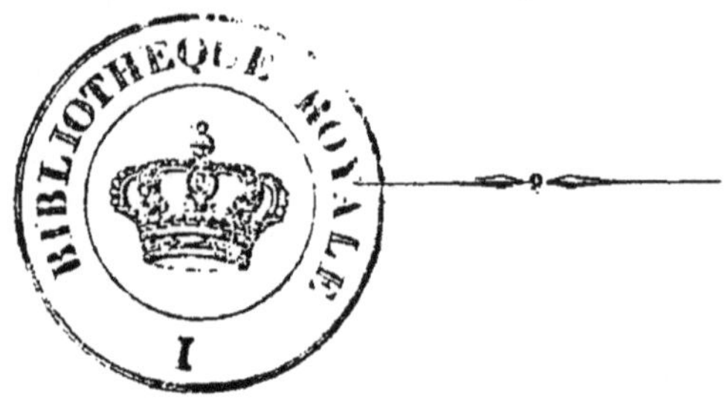

MONSIEUR,

Faut-il attribuer à ce qui se passe sous nos yeux un sens moral ou seulement une puissance aveugle et matérielle? Devons-nous croire encore que nous sommes conduits par la main mystérieuse d'une providence amie de l'humanité? ou bien serait-il vrai que l'esprit de l'homme, livré à la tempête éternelle de l'enfer du Dante, ne doit trouver que déceptions et mécomptes au bout de toutes ses agitations? Où allons-nous? Quelle sera la fin dernière de tant de fatigues, de tant de labeurs, de tant d'œuvres aussitôt détruites qu'achevées, de tant de principes à peine proclamés et déjà méconnus, de tant de pensées sociales qu'on déclare stériles le lendemain de leur promulgation? Devons-nous marcher éternellement à travers des ruines; et se fera-t-on toujours un argument de la destruction d'hier, pour légitimer la destruction d'aujourd'hui? Au delà de la sphère des partis qui auront sans relâche de vieilles passions au fond du cœur, d'implacables rancunes à satisfaire, la voix de la société, ses nobles et pures exigences ne seront-elles jamais écoutées? Sera-t-il donné toujours à l'esprit de faction de faire de ses querelles le prestige de tous les regards, l'occupation unique de toutes les intelligences, et l'humanité, la sainte humanité, ses intérêts sacrés, sa marche si laborieuse vers une destinée meilleure et à travers tant de redoutables écueils, n'auront-ils droit qu'à une dédaigneuse et incrédule attention?

Sans doute, dans le cours de nos discordes politiques, le moment s'est souvent présenté de poser ces désolantes questions. Mais ne croyez-vous pas ainsi que moi, Monsieur, que jamais elles ne reçurent des événements une formule plus rigoureuse qu'aujourd'hui? En effet, à la suite de la révolution de juillet, une vaste association de principes se forma laborieusement au milieu de la France. A aucune époque de l'histoire, nulle association de la pensée humaine ne traduisit plus fidèlement les véritables intérêts de la société. Cette association a sauvé la France et avait fondé un asile ouvert à toutes les intelligences revenues des illusions des partis. Et cependant, à l'heure où je parle, il semble qu'elle soit à la veille de périr sous les coups de ceux-là même qu'elle comptait avec orgueil au premier rang de ses défenseurs.

Ce sera une noble et grande étude pour l'histoire lorsqu'elle aura à apprécier cette grande association que tant de haines, tant de passions coalisées ont cherché à détruire. Je n'ai pas l'orgueilleuse prétention de devancer ici ce jugement solennel; mais permettez-moi, Monsieur, de rappeler en peu de mots les titres que la postérité lui reconnaîtra à son respect et à son admiration.

Lorsque notre nouvelle dynastie fut appelée au trône, la France tenait dans sa main les destinées du monde. Jamais la Providence n'avait hasardé ce précieux dépôt sur une mer menacée de plus de tempêtes, semée de plus d'écueils. L'esprit révolutionnaire s'était relevé, impatient de jeter un nouveau défi à la face de l'Europe monarchique. Le génie belliqueux de la nation, promulguant la force à la place du droit, voulait aller brûler les traités de 1814 et 1815 sur les places publiques des capitales de l'Europe. Puis enfin les légitimistes, ajoutant à toutes leurs vieilles rancunes le dépit d'avoir détruit le trône le plus solide de l'Europe, conjuraient, par représailles, la ruine du trône nouveau qui s'était élevé. Chacune de ces tendances contenait la destruction dans son sein ; le parti révolutionnaire eût étouffé la liberté elle-même dans ses sanglants embrassements ; la propagande, armée et conquérante, eût couvert l'Europe de baïonnettes, et fait rebrousser la marche de l'humanité vers la barbarie ; la faction légitimiste, fidèle à ses principes, eût applaudi à toutes les fureurs démagogiques dont le dernier mot pour elle eût été une troisième restauration. Que seraient devenus, je ne dis pas seulement l'ordre, la liberté, la justice, mais les principes les plus élémentaires de toute sociabilité, si la Providence avait permis le déchaînement de toutes ces tempêtes ?

Quel esprit assez téméraire oserait dire où se serait éteint le vaste incendie, à quels rivages inconnus se seraient arrêtés les flots de cette mer débordée? Mais Dieu n'a pas voulu que l'humanité fût soumise à de semblables épreuves, et il a inspiré à la France une politique qui a sauvé le monde.

Cette politique eut en effet une admirable intelligence de tous les besoins, de tous les dangers sociaux.

L'Europe monarchique tremblait pour son existence. Obéissant à un instinct de conservation, elle eût appelé la guerre à son aide, et la guerre eût tout perdu. Il fallait rassurer l'Europe.

Mais elle aussi avait ses préjugés, ses passions, ses entraînements. Il fallait dissiper, combattre, modérer ces préjugés, ces passions, ces entraînements.

La légitime intervention du pays dans ses propres affaires, fondée en 1789, sanctionnée de nouveau en 1814, avait besoin, en 1830, de nouvelles garanties. Il fallait lui donner ces garanties.

Mais l'esprit révolutionnaire et radical demandait plus, voulait tout envahir. Il fallait lui tracer des limites infranchissables.

La France, encore émue du souvenir d'une double invasion, voulait proclamer bien haut, à la face de l'Europe, le noble orgueil de son indépendance. Il fallait s'associer à ce généreux sentiment.

Mais à côté de lui, de vains et stériles désirs de suprématie inique et impossible, restes des souvenirs de la tyrannie impériale, incitaient la France à s'armer contre l'Europe. Il fallait étouffer ces désirs.

Le contre-coup de la révolution de juillet avait violemment séparé la Belgique de la Hollande, retrempé d'une nouvelle énergie les besoins d'améliorations ressentis par de nombreuses populations. Un gouvernement s'était élevé en Espagne, qu'il importait de protéger dans de justes mesures. Vis-à-vis de cet état de choses, la France devait couvrir de sa protection, devant le tribunal de l'Europe, tous les droits légitimes que son intérêt ou son honneur ne lui permettaient pas d'abandonner.

Mais beaucoup de passions factices et turbulentes fermentaient en Europe. Proclamer que la protection de la France était acquise à toute insurrection, sans distinction de lieu, d'origine et de circonstances, c'eût été proclamer la propagande. La France devait répudier avec dégoût un pareil rôle.

De sorte que la politique du gouvernement de juillet n'avait pas une œuvre à accomplir, qu'à côté de cette œuvre il n'y eût un écueil à éviter. Et elle sortit triomphante de tant d'épreuves périlleuses. Elle parvint à rassurer l'Europe monarchique sans voiler ni son drapeau ni ses libérales intentions. Elle accorda à la démocratie ses légitimes prétentions, tout en reconstituant l'autorité au sein d'une société profondément ébranlée. Elle combattit l'anarchie à main armée, en ne portant atteinte à aucune de nos libertés. Elle poursuivit avec courage devant les tribunaux du pays les anarchistes de toutes les couleurs, sans ensanglanter aucune de nos places par une exécution politique. Bien plus, lorsque le calme matériel reparut, lorsque les partis furent contraints de ne plus en appeler à la force, ce que Napoléon, au faîte de sa puissance, n'eût jamais osé, elle jeta à la tête des vaincus l'amnistie la plus complète que l'histoire ait jamais enregistrée.

Comment cette politique arriva-t-elle à accomplir tant de prodiges? Je l'ai dit, Monsieur, c'est qu'aucune association de la pensée humaine ne traduisit plus fidèlement les véritables intérêts de la société; c'est que jamais il n'y eut un appel plus irrésistible à tout ce que la raison de l'homme contient de plus élevé. Elle s'appropria tout ce qu'il y avait de vrai, de juste, de pur, de grand, de noble dans les généreux instincts qui avaient agité nos cœurs, tout en rejetant ce que ces instincts renfermaient de faux, d'injuste, de romanesque et de dangereux. On se livrerait à une curieuse étude philosophique, si on énumérait toutes les erreurs factieuses et accréditées dont la politique de juillet a fait justice, toutes les saintes et grandes vérités qu'elle a mises en lumière. Assurément elle peut le dire bien-haut : elle a été la première de sa race.

Ce qui caractérise surtout cette noble politique, c'est qu'elle s'adresse à tous les esprits, aux plus humbles comme aux plus élevés; c'est qu'elle s'associe aussi bien aux modestes et légitimes exigences du plus obscur citoyen qu'aux vastes spéculations du moraliste, du philosophe, de l'homme d'État ; c'est qu'elle est la négation de tous les mensonges, de toutes les exa-

· gérations, de toutes les fausses vérités ; c'est qu'au milieu du désordre où elle est née, elle a travaillé à rétablir chaque chose à sa place ; c'est qu'elle sait dire au pouvoir comme à la liberté : Voilà vos droits, mais aussi voici vos limites ; c'est qu'elle reconnaît que dans la société humaine il y a une part pour l'esprit de progrès et une part pour l'esprit de conservation ; c'est qu'il est dans sa nature de s'assimiler toute idée en ce que cette idée peut avoir de social et de bon pour l'humanité ; c'est, enfin, qu'elle n'a ni haines, ni préjugés, ni esprit d'exclusion.

Aussi, Monsieur, pouvons-nous dire hardiment que, là où cette politique a été repoussée, il y a eu des haines, des préjugés ou des passions.

Ne soyons donc pas surpris que, sortie victorieuse de tant d'épreuves, elle en rencontre aujourd'hui une nouvelle plus redoutable que toutes les autres dans la coalition qui vient de se former. Les partis, ainsi que les erreurs et les passions qui les alimentent, n'abdiquent pas volontiers, et il leur arrive quelquefois de surmonter les répugnances qu'ils éprouvent les uns contre les autres pour se liguer contre la haute et pure raison, leur éternelle et permanente ennemie.

Mais M. Thiers, mais M. Guizot font partie de la coalition !

Ici, Monsieur, nous touchons au point critique et douloureux de la question. Car, sans M. Thiers, sans M. Guizot, que serait la coalition ? Rien, si ce n'est l'opposition naturelle que la politique de juillet mettait sa gloire à combattre. C'est M. Thiers et M. Guizot qui donnent à cette opposition une nouvelle physionomie, et qui font toute l'importance de la coalition, c'est donc en eux que celle-ci doit être étudiée. La démasquer en eux, c'est la démasquer tout entière.

Mais dans la nouvelle attitude qu'ils ont prise, MM. Thiers et Guizot prétendent n'avoir renié aucun de leurs antécédents, aucune partie de leurs anciennes doctrines. Ils affirment, au contraire, qu'ils sont restés, eux, les seuls représentants de la grande politique de juillet, et que le ministère actuel l'aurait, lui, dénaturée, faussée, méconnue.

Je n'examinerai pas ici, Monsieur, cette question, je n'aurai pas la prétention de défendre le cabinet attaqué, qui a su si bien se défendre lui-même. Ce serait inutilement reproduire les débats solennels qui ont dû porter la conviction dans tous les esprits, s'il est vrai que la plus large, la plus entière discussion traîne la conviction après elle.

Mais poussons les choses à l'extrême. Je suppose qu'en effet le ministère actuel ait dénaturé l'esprit de la grande politique à laquelle ces deux illustres hommes d'État ont si glorieusement contribué. Eh bien! alors quel aurait du être leur rôle?

Se mettre dans les rangs de l'opposition; oui, sans doute, c'était leur devoir et leur droit. Dans un gouvernement représentatif, c'est le seul moyen réel de faire acte de conviction. Il n'y a rien de fait, rien de dit, que ce qui se fait, que ce qui se dit du haut de la tribune et à la face de la France. Les exhortations officieuses, les conseils à huis clos, tout puissants qu'ils puissent être, n'ont aucune valeur parlementaire et constitutionnelle.

Voter avec M. Berrier, avec M. Garnier-Pagès, avec M. Odillon-Barrot; il faut bien encore l'admettre. Les boules n'ont que deux couleurs, et comme M. Guizot l'a lui-même si bien dit, ce n'est pas une raison pour qu'il renonce à crier au feu en voyant un incendie, parce que peut-être il y aura auprès de lui des malveillants qui crieront aussi dans un autre dessein.

Oui, mais en faisant de l'opposition pour ramener le gouvernement à la grande politique qu'il oublie ou qu'il dénature, nous montrerez-vous que vous ne l'avez ni oubliée ni dénaturée? Vous prouverez que vous en avez su conserver le dépôt intact et sans souillure. Vous vous lierez plus étroitement que jamais à tous ses principes, et vous croirez votre honneur engagé à leur donner une nouvelle sanction. Vous qui avez érigé le droit comme la loi suprême des nations, vous proclamerez la fidélité due aux traités. Vous qui avez fait si complète justice de tous ces désirs insensés de conquêtes, de propagande et de guerres, vous qui êtes parvenus à faire comprendre à l'Europe le besoin de toute l'Europe, la paix, vous ne voudrez pas qu'aucune parole sortie de votre bouche vienne donner l'encouragement même le plus éloigné aux passions stupides ou perverses que vous avez jadis si énergiquement refoulées. Vous qui, envisageant la société avec cette haute sagacité qui vous distingue, aviez dit que son côté faible était le pouvoir, plus que jamais et par cela même que vous serez de l'opposition, vous ferez preuve de votre inquiète sollicitude pour cette auguste garantie de tous les droits sociaux. Que si à côté de vous on venait à redire ces attaques banales sur la transparence du ministère, sur le gouvernement personnel du roi, anciens ministres, hommes d'ordre et de légalité, vous étoufferiez sous les cris de votre conscience ces misérables accusations qui ont passé par vous avant d'atteindre aujourd'hui le ministère. Vous dont la haute raison a fait une guerre si victorieuse à toutes les mauvaises idées, à toutes les mauvaises passions, à tous les mauvais instincts, vous veillerez à ce qu'aucune mauvaise idée, aucune mauvaise passion, aucun mauvais instinct ne puisse trouver l'espérance la plus lointaine dans vos nouveaux actes comme dans vos nouvelles paroles. Puis surtout vous ne flatterez pas les partis ennemis de la dynastie de juillet; vous repousseriez comme une profanation leur appui, s'ils venaient à vous l'offrir. Vos efforts ne s'adresseraient qu'à cette ancienne, grande et respectable majorité que vous avez formée et qui vous a soutenus. Vous lui signalerez l'erreur qui l'abuse, sans blesser aucune des sympathies, aucun des sentiments que vous avez tant fait autrefois pour inspirer ou conserver en elle. Habituée qu'elle est à céder à la puissance de vos paroles, retrouvant en vous les vrais principes qui vous unissaient, elle se ralliera avec joie autour de vous. Et alors vous aurez obtenu une victoire bien pure, car vous ne la devrez qu'à la persistance de vos doctrines, et vous aurez rendu au pays un nouveau service bien cher à votre gloire, car il ne vous aura coûté aucune indigne transaction.

N'est-il pas vrai, Monsieur, que s'il y a deux ans on vous avait dit qu'un jour MM. Thiers et Guizot feraient éclater leur opposition à la tribune, vous auriez affirmé qu'alors cette opposition aurait été renfermée dans le programme que je viens de tracer?

Et cependant quelle a été l'opposition de MM. Thiers et Guizot?

Je ne reviendrai pas ici sur des faits désormais acquis à l'histoire. Mais je demanderai qui, en résultat, a eu à se réjouir de l'opposition de MM. Thiers et Guizot telle qu'ils l'ont formulée? Les amis de la nouvelle dynastie ou ses ennemis invétérés? Les hommes qui étaient imbus de la politique de juillet, ou ceux qui l'avaient combattue avec acharnement? Les partisans de la légalité, de l'ordre, de la charte de 1830, ou ceux qui placent toutes leurs espérances en dehors de la légalité, de l'ordre, de la charte de 1830? Ceux qui ne veulent ni de la démagogie ni d'une troisième restauration, ou ceux qui appellent l'une ou l'autre de tous leurs vœux? Ceux qui attendent les améliorations sociales du développement régulier de nos institutions, ou ces hommes qui n'entrevoient des progrès qu'à travers une révolution? Ceux qui croient avec foi aux miracles de la paix, ou ces aventuriers politiques qui ne rêvent que guerre et bouleversement? Eh bien! que veulent faire, grand Dieu! MM. Thiers et Guizot de cette joie qu'ils ont fait naître dans le cœur de leurs vieux adversaires, de cette douleur dont ils ont contristé leurs anciens amis, j'allais dire leurs anciens disciples? Quel avantage, même le plus éloigné, ont-ils pu espérer conquérir par là en faveur de leurs anciennes doctrines?

Remarquez, Monsieur, que je suppose toujours que c'est nous, l'ancienne majorité, le ministère du 15 avril, qui errons, qui avons amoindri ou exagéré, dénaturé en un mot la grande politique du gouvernement de juillet, qu'il s'agit pour MM. Thiers et Guizot de la restaurer, de la remettre en honneur. La restaurer, la remettre en honneur. Et comment vous y êtes-vous pris pour accomplir cette grande mission? La politique de juillet avait réussi à démasquer tous les mauvais instincts qui se cachent sous les doctrines révolutionnaires, et vous, vous avez dit à ces doctrines qu'elles étaient légitimes dans leur principe. Elle était arrivée à rassurer l'Europe, à lui prouver que la France n'était pas condamnée à être éternellement un sujet de troubles et d'épouvante pour elle, et vous avez rendu à l'Europe ses vieilles inquiétudes. Elle avait fait de la bonne foi, la gloire et la force de sa diplomatie, et vous, vous avez enseigné qu'il y avait plusieurs manières d'exécuter un traité Elle avait dit que la paix contenait tout, civilisation, prospérité publique, progrès, liberté, et vos paroles avaient la guerre pour conséquence dernière. Enfin, elle avait voulu rendre à la royauté la vénération des peuples, et vous avez appelé sur la royauté les méfian-

ces de la nation ; car, par de vains substerfu-
ges, lorsque vous avez accusé le ministère de ne
pas couvrir la royauté, votre accusation ne si-
gnifiait rien, si ce n'est que la royauté ne se ré-
signait pas à être suffisamment couverte.
Qu'importe que telle n'ait pas été votre secrète
pensée, si, amis ou ennemis, tous l'ont inter-
prétée ainsi ?

De sorte qu'il n'est pas d'arguments, d'accusations et d'attaques dont les partis ennemis de
la nouvelle dynastie avaient poursuivi jadis, et
vous étant ministres, la grande politique de juillet, que vous n'ayez, avec plus ou moins de fran-
chise, répété vous-mêmes ces arguments, ces
accusations et ces attaques. De sorte qu'il n'est
pas une doctrine appartenant à cette politique
à laquelle vous n'ayez donné un démenti. Et
vous appelez cela la restaurer, la ramener dans
ses voies ! Mais la pensée humaine n'aurait plus
rien pour la traduire fidèlement, mais la parole de l'homme n'aurait plus ni sens ni valeur,
si cela était vrai !

Et pourquoi cette soudaine colère, ce brusque
que et douloureux divorce, ces étranges al-
liances, cette impitoyable opposition ? Ah !
sans doute, le pouvoir était en proie à cet es-

prit de vertige qui égare quelquefois les puis-
sances de la terre? Il méditait une de ces mesures qui font crouler les trônes? Il fallait à
tout prix l'arrêter sur le bord de l'abîme, à
tout prix, même en se coalisant avec ses ennemis. Rien de tout cela ; il s'agissait simplement
de renverser un ministère faible et insuffisant.
Mais il y avait en jeu un de ces principes pal-
pables, nets, évidents, que découvrent tous les
yeux, que saisissent toutes les intelligences?
Pas davantage ; on n'a mis en avant qu'une de
ces nécessités vagues, élastiques, complaisan-
tes, que les partis mécontents invoquent tour
à tour. Il s'agissait de rendre la vérité au gouvernement parlementaire.

Après cela , Monsieur , dois-je suivre
MM. Thiers et Guizot dans l'attitude qu'ils
ont prise depuis la dissolution , les montrer
transportant la coalition des bancs de la cham-
bre dans les rangs des électeurs? A quoi bon?
n'ai-je pas suffisamment prouvé qu'ils se sont
déplorablement séparés de la grande politique
qui a fait leur gloire? Et puis, lors même qu'il
serait utile de continuer cet examen, je ne m'en
sentirais pas la force. Il est si douloureux de
poursuivre jusqu'au bout les fautes des hommes

auxquels on avait voué toute son admiration!

Maintenant, Monsieur, permettez que je revienne aux questions que je vous adressais en commençant cette lettre. Où allons-nous? Cette grande politique qui tendait, sinon à détruire les partis, du moins à les réduire à l'impuissance morale et matérielle, succombera-t-elle dans cette crise nouvelle? Non, Monsieur; elle passera peut-être par bien des épreuves encore, mais elle ne périra pas, car elle n'a pas achevé son œuvre, car elle est encore à l'ordre du jour de la civilisation et de l'humanité, car elle est plus que jamais nécessaire. Lorsque Dieu envoie une bonne pensée aux hommes, cette pensée dure tant qu'elle a quelque chose à accomplir. On la voit devenir plus puissante à mesure qu'elle rencontre plus d'obstacles. Chaque danger est pour elle une nouvelle sanction. Serrons donc bien nos rangs, nous autres hommes du juste-milieu, pressons-nous plus que jamais autour de notre drapeau. Soyons fidèles et sachons attendre; car vous le savez, Monsieur, si les grandes intelligences sont soumises à de grandes erreurs, celles-ci sont courtes et passagères. Un jour peut-être verrons-nous MM. Thiers et Guizot eux-mêmes intéressés à savoir si nous avons conservé fidèlement le feu sacré qu'à l'heure où je parle nous sommes seuls à entretenir.

Agréez, Monsieur, l'expression des sentiments que votre noble caractère et la communauté de nos doctrines m'ont inspirés.

Nontron, 15 février 1839.

DISAUX,
Sous-Préfet de Nontron.

Typographie de Firmin Didot, rue Jacob, n° 56.